少量作りだから初めてでも安心
レーズン酵母で作る
プチパンとお菓子

池田愛実

文化出版局

はじめに

　パン作りを始めて夢中になってくると、誰でも一度は「自家製酵母を起こしてパンを焼いてみたい」と思うのではないでしょうか。そのきっかけは好奇心だったり、味への探求心だったり、家族に一から手作りのものを食べさせたいという愛情だったりします。

　自家製酵母は体によいというイメージがありますが、実は市販のイーストも自家製酵母も「酵母菌」。どちらのほうが体によい・悪いということはありません。

　ではなぜわざわざ手間をかけて酵母を起こすのか。それは食べればきっとわかるはず。自家製酵母で作ったパンは皮が香ばしく、中はしっとり、もっちりしていて、イーストには出せない複雑なうまみが感じられます。その特別なおいしさをぜひ体感してもらいたいのです。

　私はイーストと自家製酵母、どちらも家の冷蔵庫にストックしていて、そのとき食べたいパンを想像してどちらを使うか選んでいます。たとえばベーグルやカンパーニュは自家製酵母で作るのが好みですし、イーストのパン作りで味に深みを出したいとき、またしっとりさせたいときには自家製酵母と併用することもあります。これこそが自分でパンを作る醍醐味で、自家製酵母を使えるようになると作れるパンの幅がぐっと広がるのです。そして何より酵母から自分で手間をかけて作ったパンは、何倍にも増していとおしく感じるものです。

　本書では、私が自家製酵母の教室を主宰してきた中で、生徒さんたちの悩みを聞いて一緒に考え解決してきたポイントを、できるだけ詳しく紹介しています。パンは菌、つまり微生物の働きによるのですべてが私たちの思いどおりに動いてくれるわけではありませんが、なるべく失敗の少ない方法で、家庭で作りやすい分量にするよう心がけました。

　最初は難しく感じるかもしれませんが、慣れたら日々の暮らしの中に酵母を自然と取り入れることができます。発酵がゆっくりと進むので、あせらずに作ることができるのもメリット。冷蔵庫に入れれば少し待っていてくれるし、ベストなタイミングの幅がイーストよりも広いので、せっかちでなければ自分に合っていると感じる方も多いんです。

　また、本書では、残った自家製酵母で手軽に作れるお菓子も紹介しています。自家製酵母とともに生活することをぜひ楽しんでください。

池田愛実

contents

この本で作る酵母パンとお菓子

はじめに　2

自家製酵母ってなに？　6

レーズン酵母を作ろう1【液種】　8

レーズン酵母を作ろう2【元種】　10

酵母作りQ&A　12

酵母パン作りの手順　14

この本で使う基本の材料と道具　16

Column
もっと知りたい、
　　自家製酵母のこと　58

PART 1
レーズン酵母で作るプチパン

丸パン

基本の丸パン

18

プラスひと手間で

シュガー
バターパン

21

ハーブの
白パン

22

イングリッシュ
マフィン

23

ロールパン

基本のロールパン

24

カルダモンロール

28

シナモンロール

30

ドーナツ

31

リュスティック

基本のリュスティック

32

レモンピールの
リュスティック

36

抹茶の
ねじねじスティック

37

ピザパン

38

プチカンパーニュ

基本のプチカンパーニュ

40

プラスひと手間で

パン・オ・セレアル
43

いちじくとくるみの
プチカンパーニュ
44

栗とチョコの
プチカンパーニュ
45

ライ麦ココアのクッペ
46

ソーセージパン
48

じゃがバターパン
49

ベーグル

基本のベーグル

50

かぼちゃベーグル
54

チーズベーグル
55

紅茶とりんごの
ベーグル
56

PART 2

レーズン酵母で作るお菓子

いちごのマフィン
60

キャロットケーキ
62

ドライフルーツと
ココナッツのスコーン
64

全粒粉クッキー
66

ガーリックバジルクラッカー
67

黒糖バナナ蒸しケーキ
68

パンケーキ
70

フルーツ酵母ゼリー
71

※ 大さじ1=15mℓ、小さじ1=5mℓです。
※ オーブンは電気オーブンを使っています。ガスオーブンの場合は20℃低くして焼成するのがおすすめです。ただし、温度と焼き時間は目安です。熱源や機種によって多少差があるので、様子を見ながら加減してください。
※ オーブンの発酵機能の操作は機種によって異なります。取扱説明書を確認してください。

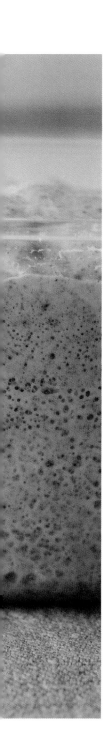

自家製酵母ってなに?

　パンは古くから人類がお世話になっている発酵食品です。その歴史は紀元前3800年頃にはすでに始まっていたといいます。

　パンの発酵に用いるのが「酵母」という菌です。皆さんになじみのある市販のイーストは発酵力の強いサラブレッドの酵母菌を集めて商品化したものですが、実は酵母は穀物や果物、空気中などいろいろなところに潜んでいるので、適切な環境を作ってあげれば自宅でも培養することができます。

　この本では、特に酵母が起きやすいドライレーズンを使用して自家製酵母を作ります。材料はレーズンと水、砂糖だけ。とってもシンプルです。これを瓶に入れて酵母菌が好む環境におくことで、ほかの菌や雑菌を増やさずに、パンの発酵に必要な菌（酵母菌、乳酸菌など）を増やしていきます。

酵母菌が増えやすい環境は
①25~35℃の温度帯
②糖分（フルーツの果糖や砂糖）
③弱酸性の水（日本の水道水がこれに当たります）

　こうして5~10日ほどかけてでき上がった自家製レーズン酵母の液種は、泡がぷくぷくと立ち（酵母菌の働き）、ややすっぱい発酵の香りがします（乳酸菌の働き）。味見してみると甘くフルーティーで、まるで貴腐ワインのような味です。

　この液種を使ってパンを焼くこともできますが、さらに発酵力を安定させて失敗なくパンを焼くために、本書では粉（強力粉やライ麦粉）と水を継いで「元種」を作り、これをパン作りに使います。

　自家製酵母の元種にはイーストとは違った特徴があります。まずイーストよりも発酵力が弱いので、パンを作る際の発酵に時間がかかります。レシピの一次発酵は最短でも5時間ほど。時間をかけることでパンがパサつかずにしっとりして、同時に粉のおいしさも引き出されるというメリットがあります。

　またレーズン酵母にはレーズンの風味と甘みが集約されているので、皮は甘く香ばしく、パン全体の味に複雑さを与えてくれます。

　さらに酵母に含まれるさまざまな菌の中には酢酸菌という菌も含まれており、パンを腐敗しにくくしてくれる作用があります。

レーズン酵母を作ろう１【液種】

自家製酵母パンを作る前にやるべきことがレーズン酵母作り。
レーズン酵母は、まず第一段階として液種を作り、
第二段階として、その液種を元に元種を作って完了となります。
液種を作ることを本書では「酵母を起こす」といい、自家製酵母の基本のきです。

液種を作る ～酵母の起こし方

【用意するもの】

空き瓶（約450ml容量のもの）
※ 煮沸消毒して冷ましておく。
※ 密閉性の高い瓶ならOK。ドライ
　レーズンと水が半々になればよい。

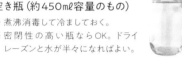

ドライレーズン
（オイルコーティングされていないもの）
120g

水（水道水）　240g

砂糖（素焚糖 p.16参照。または上白糖）
小さじ１
※ 砂糖はなくてもよいが、入れると酵
　母がより元気に発酵しやすくなる。

【1日目】

瓶の中にレーズンと水が見
た目に半々になるように入れ、
瓶の8割以上入っている状態
にする。砂糖を加えて混ぜて
溶かし、ふたをする。

【2日目】

2日目から1日1回瓶のふたを
開けて軽くゆすり、酵母に酸
素が行き渡るようにする。

6日目

【3～4日目】

シュワシュワと泡が出始める。気温が低い場合は酵母もゆっくり育つので、泡が出なくても数日様子を見る。ふたを開けてゆするのをお忘れなく。

【5～7日目】完成

7日目

おりの状態

ふたを開けるとシュポン！と音が鳴って泡がたくさん出るようになる。液種完成の目安は、瓶の底に沈殿物（おり）がたまっていること、泡がピークより少し落ち着いていること。泡のピークからあと1日室温において落ち着かせる。

【8日目～それ以降】

その後冷蔵庫で一晩休ませたら液種（酵母液）の完成。冷蔵庫に入れてからは瓶を開けて酸素を送る必要はない。1～2か月ほど冷蔵庫で保存可能。また次回液種を起こす際スターターとして小さじ1加えると酵母が起きやすくなる。

レーズン酵母を作ろう2【元種】

液種をそのまま使うこともできますが、発酵力が弱いので
より安定した酵母を育てるためにエサをあげて酵母を強化します。
これが種継ぎと呼ばれるもので、種継ぎを3回繰り返すことでレーズンの香りは薄まりますが、
発酵力はかなり安定します。こうしてできた種が「元種」です。

元種を作る ～自家製酵母の継ぎ方

【用意するもの】

1回目 …… 液種　50g　※底のおりをよく混ぜて使う。
　　　　　 ライ麦粉または全粒粉（細びき）　50g

2回目 …… 水（水道水）　40g
　　　　　 強力粉　40g

3回目 …… 水（水道水）　40g
　　　　　 強力粉　40g

【種継ぎ1回目】

きれいに洗って乾かした保存容器に、液種とライ麦粉を入れてゴムべらで混ぜ合わせ（こねる必要はない）、約2倍の大きさになるまで12～24時間を目安に室温におく。その後、冷蔵庫で6時間以上休ませる。

【種継ぎ2回目】

保存容器に水と強力粉を継ぎ足してゴムべらで混ぜ合わせる（こねる必要はない）。約2倍の大きさになるまで8～12時間を目安に室温におく。その後、冷蔵庫で6時間以上休ませる。

【種継ぎ3回目】

2回目と同様に保存容器に水と強力粉を継ぎ足してゴムべらで混ぜ合わせる（こねる必要はない）。約2倍の大きさに発酵するまで2〜4時間を目安に室温におく。その後冷蔵庫で6時間以上休ませる。

完成

これで元種の完成。すぐにパン作りに取りかかれる状態。残りの元種は冷蔵庫で保管する。ただし3〜4日に1回は水と粉（同量）をあげないと酵母は徐々に元気がなくなり死んでしまう。

【その後の種継ぎ】

使う分だけ水と粉を継ぎ足すと元種の量をキープできます。

例：元種60gを使いたい場合、前日に30gの水と30gの粉を足す。室温に1〜2時間おいてかさが増え、表面・側面に気泡が見えるようになったら冷蔵庫に戻す。

＊ パンを作る前日に種継ぎをすると発酵力が強くなります。

＊ すっぱい臭いがしたり変色したりしてきたらその元種は捨てて、液種から新しい酵母を育てましょう。

酵母作りQ&A

自家製酵母は「菌」の働きによるものなので、思いどおりにいくことばかりではありません。
「元種がうまくふくらまないのはどうして?」「元種の元気がなくなってしまいました」
そんな疑問への答えや問題の原因など、レーズン酵母を作るうえで
知っておきたいことを紹介します。

Q 液種が起きないのですが
どうしてですか?

A 使用する瓶やレーズンの種類を変えてみましょう。瓶の密閉性が低いと発生する炭酸ガスが漏れてしまうので、発酵しているかの見極めが難しくなります。レーズンは有機のものだと起きない場合があります(本書ではサルタナレーズンを使用)。また、発酵の環境は20℃後半(25~30℃)がベスト。寒すぎると起きなかったり、発酵に時間がかかったりし、暑すぎるとカビや酸味が強く出るリスクがあるので、室温にも留意しましょう。

Q 液種にカビが
生えてしまいました。

A 瓶は必ずふたまで煮沸消毒してから使うようにしましょう。また、カビは好気性なので瓶のふたの閉まりが悪く密閉性が低かったり、瓶の容量に対して水とレーズンが少なく、空気が多く入っていたりすると発生しやすくなります。また夏で室温が35℃前後の場合も要注意です。

Q 元種がふくらみません。
何が原因でしょうか。

A 元種に使う粉は、目の粗い石臼びきなどの全粒粉やライ麦粉だと、分離してうまく元種がふくらまないことがあるので細びきのものがおすすめです。また液種の酵母菌は瓶底にたまる性質があるので、底のおりをかき混ぜて元種に使うことはとっても大切です。それでもふくらまない場合は液種に問題があると考えられるので再度挑戦してみましょう。

Q 元種の元気がない場合は
どうしたらいいですか？

A イーストと併用してパンを作ることもできます。自家製酵母でパン
に風味を出し、イーストで発酵力を補うことができるので、パン屋
さんでもよく採用される製法。イーストは発酵力が強いので、ひと
つまみ入れるだけでも効果があります。また粉を多めに継いで元種
をかたくすると、発酵力が復活することもあるのでお試しを。でも
元種を作ってから1か月以上たっていたら液種からまた新しく元気
な酵母を起こしたほうが、気持ちよくパンが焼けます。

Q 3〜4日に1回も
頻繁に元種を継げません。

A 酵母は水分の中で活発に活動するので、粉を多めに継いで元種を
かたくしておくと日もちがよくなります。あまりパンを焼かない場合
や、旅行に行くときなどにおすすめの方法です。使うときはその直
前の種継ぎで水分を多めにしてゆるめるか、パン生地に加えると
きに水分を少し多めに加えて調整します。

Q 元種がどんな状態になったら
もう使えないのですか。

A 元種の表面に水分が浮いて分離したり少しゆるく
なったときは、粉を多めに継いで、元気な状態と同じ
かたさにするとまだ使える可能性が高いです。種継ぎ
した際に体積が増えるか、表面や側面に発酵の気泡
が生まれるか、観察してみましょう。1週間以上種継
ぎできず、写真のようにグレーがかった色になったり、
変な臭いがするときは破棄したほうがよいでしょう。

Q パンがすっぱく
なってしまうのは
酵母のせいですか。

A 液種や元種を少量味見してみて、酸味があればでき上がったパン
も酸味があることが多いです。室温が高すぎたり、長く室温におき
すぎたりすることによって、酢酸菌が増えてお酢化してしまうのが
原因です。また一次発酵や二次発酵を高温で長くとりすぎたとき
も生地に酸味が出ることが多いので、発酵温度が35℃以下になる
ように気をつけましょう。

酵母パン作りの手順

ボウルに酵母元種、水分（温度調節が必要）の順に入れて泡立て器で溶き、混ざりやすくしてから、粉、砂糖、塩の順に加える。

計量

1

※はかりにボウルをのせて順に材料を入れていくと洗いものが少なくすむ。

材料を混ぜ、ひとまとまりになったらシリコンマットの上に移し、手でこねる。最初の1分ほどは材料をすり混ぜ、その後は手首のスナップを使って生地をマットにたたきつけてこねる。

丸パン、ロールパン、ベーグルの場合

2

こねる・混ぜる

リュスティック、プチカンパーニュの場合

2

粉のかたまりがなくなるまで材料をよく混ぜたらボウルにラップをして生地を休ませ、20分おきに3回パンチ（p.33参照）をして生地のグルテンを強化する。

室温で2.5〜3倍の大きさになるまでふくらませる。発酵時間の目安は、春・秋（20〜25℃）は5〜10時間、夏（約30℃）は4〜8時間、冬（約15℃）は8〜12時間。

一次発酵

3

※1.5倍にふくらんだところで冷蔵庫の野菜室に入れて低温でゆっくり発酵させても。2日間保存できる。

生地を保存容器からやさしく取り出し、カードで分割する。小さい生地が出たら、丸める際に内側に入れ、生地をまわりから中心に集め、きれいな面が表に出るように生地を張らせる。とじ目を指でつまむ。

分割・丸め

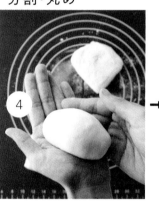

4

レーズン酵母ができ上がったら、いよいよ酵母パン作り。パンは一つ一つの工程がすべて仕上がりに影響するので、手順とポイントをしっかり把握しておくといいですね。ここでは、酵母パン作りのおおまかな流れを紹介します。

生地のとじ目を下にしておき、ふきんをかけて休ませる。生地を休ませてグルテンをゆるめることでその後成形しやすくなる。

それぞれのパンに合わせて（各レシピに沿って）成形する。とじ目を下にしてオーブンシートを敷いた天板の上にのせる。またはキャンバスシートの上にのせて形を保つよう布どり(p.34参照)をする。

オーブンの発酵機能もしくは室温で発酵させる。生地がひとまわり大きくなるのが目安。時間だけでなく見た目でも確認する。室温で発酵させる場合、気温の高い日は早めに切り上げ、気温の低い日は長めにおいて調整する。

電気オーブンの場合、最低でも20分前から予熱する（リュスティックとプチカンパーニュは天板2枚も入れておく）。パンの仕上げをして、オーブンに入れて焼成。焼けたら網などに移して粗熱をとる。

ベンチタイム

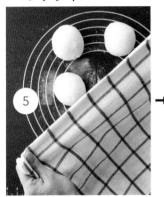

成形

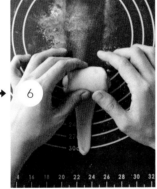

二次発酵

焼成

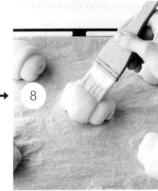

この本で使う基本の材料と道具

酵母にこだわって作るパンだから、材料も自分がおいしいと思えるものを使いたい。
はかる、混ぜる、こねる、のばす……など、パンを作るときに必要な道具も揃えておきたい。
ここでは私が愛用している材料と道具を紹介します。

基本の材料

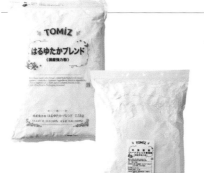

粉類

パンは小麦粉の味そのものなので粉のチョイスは大切。私は農薬の心配の少ない国産小麦粉を選びます。やわらかいパンには強力粉「はるゆたかブレンド」、ハード系のパンにはハードパン専用の準強力粉「タイプER」、そのほか、薄力粉、石臼びきの全粒粉、細びきのライ麦粉を常備。アーモンド100％のアーモンドパウダーはマフィンやキャロットケーキなどの焼き菓子に使います。

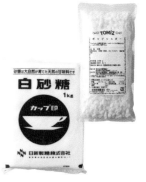

油脂

油は軽い食感になる米油、バターは食べておいしいと思えるブランドの、食塩不使用のものを。

砂糖

基本的にはミネラルが豊富でやさしい甘さの素焚糖（すだきとう）を使っていますが、ほかの砂糖でも代用可。また、色をつけたくないときには上白糖を。ポップシュガーはトッピングに使います。

ナッツとドライフルーツ

ココナッツファインや、アーモンド、くるみなどのナッツ、クランベリー、レーズン、レモンピールなどのドライフルーツは、パンやお菓子をよりおいしくする食材。味や食感などのアクセントに使います。

ハーブやスパイス

バジルなどのドライハーブ、シナモンなどのパウダースパイスなどは、味や香りに奥行きを出してくれます。

基本の道具

はかる

パンやお菓子作りはまず計量が大切。はかりは、より正確に計量できるように1mg単位で表示できるものを。水分の温度をはかるにはクッキング温度計が必要です。計量カップは200ml（1カップ）まではかれるものがあればOK。

混ぜたり、こねたり

生地を混ぜたりこねたりするのに必要なのがボウル、泡立て器、ゴムべら。泡立て器は泡立て部分のふくらみがある程度大きくて持ちやすいものを。ゴムべらは本書ではこねる際にも使うので、へらの部分に弾力があって少しかためのものを。

丸めたり、分割したり

こね台があればベストですが、シリコンマットも便利。作業スペースに広げるだけで好きな場所で使え、テーブルや作業台に吸着してずれにくく、折りたたんでコンパクトに収納もできます。カードは生地を分割したり容器からはがしたり、なにかと使えるマストアイテムです。

発酵させる

生地を一次発酵させるときに使うのが保存容器。750ml容量の透明のものがおすすめです。また、やわらかい生地の形を保ちながら二次発酵させるときに使うのがキャンバスシート。

仕上げる

打ち粉をふるときに使うのが茶こし。手でふるより均一にきれいにふることができます。クープを入れるときに使うのがクープナイフ。クープとは、焼く直前に生地の表面に入れる切り込みのこと。生地を均一にふくらませたり、火の通りや見た目をよくします。

焼く

オーブンシートは、天板に敷いたり、お菓子の型に敷き込んだりします。霧吹きは、プチカンパーニュやリュスティックなどのハード系のパンを焼くときに生地の上の空間やオーブン庫内に霧を吹くために使います。焼き上がりの表面をパリッとさせ、生地が焼き固まるのを防ぐ効果もあります。細かい霧が出るものがベスト。園芸用のものも使えます。

PART 1
レーズン酵母で作るプチパン

丸パン

一次発酵で生地を3倍までしっかりふくらませることで、
自家製酵母でもふんわりとしたパンを作ることができます。
イーストで作るよりもしっとり、もっちりとした食感になります。

【基本の丸パン】

手のひらにすっぽりおさまる、かわいいテーブルパン。ぷくっとふくれた白いパンは、ふっくら、しっとり。
低めの温度であまり焼き色をつけずに仕上げるのがポイントです。

材料／4個分

強力粉（はるゆたかブレンド）　160g
塩　3g
砂糖（素焚糖）　14g
酵母元種　55g
牛乳　50g
水　45g
バター（食塩不使用）　10g

準 備

・牛乳と水は温度調整をしておく。粉が室温の前提で、
　春と秋は20℃、夏は冷蔵庫で冷やし、冬は30℃が目安。
・バターは生地をこね始めるときに冷蔵庫から室温に出
　しておく。

こね

1 ボウルをはかりにのせ、酵母元種、牛乳、水をはかり入れ、泡立て器で溶く。完全に溶けきらなくてもOK。

↓

牛乳、水は温度をはかり、温度調整をしてから入れる。

2 強力粉、塩、砂糖をはかり入れ、ゴムべらでひとまとまりになるまで混ぜる。

3 シリコンマットの上に移し、手のひらを使ってマットにこすりつけるようにし、約1分すり混ぜる。

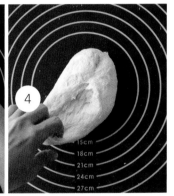

4 少しずつ向きを変えながらシリコンマットにたたきつけるようにして約15分こねる。

↓

グルテンの薄い膜（生地を指でのばすと向こう側が透けるくらい薄い状態）ができたらOK。

カードで生地を4等分して重ねてから再度こねると混ざりやすい。

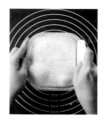

生地に打ち粉（強力粉。分量外）をし、四隅をカードではがして保存容器ごと逆さまにし、やさしく生地を取り出す。

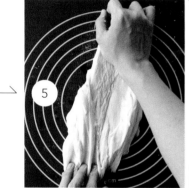

5

バターをのせて生地で包み、完全に混ざるまでこねる。

一次発酵

6

生地を丸めて保存容器に入れて指でならして平らにし、容器の側面にマスキングテープなどで印をつけて大きさの変化がわかるようにする。ふたをして室温で一次発酵させる。

分割・丸め

7

生地を取り出し、カードで4分割し、生地の表面を下に巻き込むようにして生地を張らせて丸め、とじ目を下にしておく。

ベンチタイム

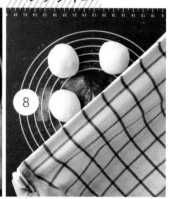

8

生地にふきんをかぶせ、約15分休ませる。

生地が約3倍にふくらんだら一次発酵完了。室温20〜25℃の場合、6〜9時間が目安。または、1.5倍までふくらんだところで冷蔵庫の野菜室に入れてゆっくり発酵させても。2日間保存できる。室温にもどしてから分割する。

シュガーバターパン

丸パンの作り方12で表面に打ち粉をふったあと、クープナイフまたは包丁でクープ（切り込み）を入れ、細長い形に切ったバター（有塩）5gをそれぞれのせ、上白糖適量をふり、同様にして焼き上げます。クープにバターを入れると油分により生地がくっつかなくなり、クープが開きやすくなります。

プラス ひと手間で

成形

9

生地を張らせるように丸め直し、とじ目は指で軽くきゅっとつまんでとじる。

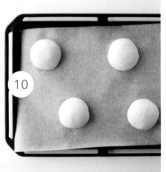

10

とじ目を下にしてオーブンシートを敷いた天板にのせる。

二次発酵

11

オーブンの発酵機能35℃で約60分、生地がひとまわり大きくなるまで二次発酵させる。

オーブンは170℃に予熱する。

焼成

12

表面に打ち粉をふり、170℃で約15分、表面は白いが裏に焼き色がつくまで焼く。

材料／4個分
基本の丸パン生地（p.19参照）　全量
ハーブミックス（ドライ）　1.5g

準備
・牛乳と水は温度調整をしておく。粉が室温の
前提で、春と秋は20℃、夏は冷蔵庫で冷やし、
冬は30℃が目安。
・バターは生地をこね始めるときに冷蔵庫から
室温に出しておく。

こね
1　ボウルをはかりにのせ、酵母元種、牛乳、水
をはかり入れ、泡立て器で溶き、強力粉、塩、砂
糖、ハーブミックスをはかり入れ（a）、ゴムべらで
ひとまとまりになるまで混ぜる。**p.19〜20の作り
方3〜5を参照して**こねる。

一次発酵
2　保存容器に入れて約3倍にふくらむまで一次
発酵させる。室温20〜25℃で6〜9時間が目安。

分割・丸め
3　生地を取り出し、カードで4分割し、生地の
表面を下に巻き込むようにして生地のとじ目を下
にして丸める。

ベンチタイム
4　生地にふきんをかぶせ、約15分休ませる。

成形
5　生地を丸め直し、表面に打ち粉（強力粉。分
量外）をふり、細めのめん棒を生地の真ん中にお
いて底まで押しつけて2cmほど転がし、溝を作る
（b）。オーブンシートを敷いた天板にのせる。

二次発酵
6　オーブンの発酵機能35℃で約60分、生地が
ひとまわり大きくなるまで二次発酵させる。

焼成
7　表面に打ち粉をふり、170℃に予熱したオー
ブンで約15分焼く。

ハーブの白パン

基本の丸パンにドライハーブを混ぜ込んだ、
食事に添えるのにぴったりのパン。
めん棒でちぎれる寸前までしっかりと溝をつけると、
山がくっきりと残ります。

a

b

イングリッシュマフィン

フライパンで生地を焼くと自然に表面が平らになり、セルクルがなくても
形が整います。半分に割ってバターとジャムをのせたり、具をサンドしても。

a　　　　　b

材料／5個分
基本の丸パン生地（p.19参照）　全量
コーングリッツ　適量

準備
・牛乳と水は温度調整をしておく。粉が室温の前提
　で、春と秋は20℃、夏は冷蔵庫で冷やし、冬は
　30℃が目安。
・バターは生地をこね始めるときに冷蔵庫から室温
　に出しておく。

こね
1　p.19～20の作り方1～5を参照してこねる。

一次発酵
2　保存容器に入れて約3倍にふくらむまで一次
発酵させる。室温20～25℃で6～9時間が目安。

分割・丸め
3　生地を取り出し、カードで5分割し、生地の
表面を下に巻き込むようにして生地のとじ目を下
にして丸める。

ベンチタイム
4　生地にふきんをかぶせ、約15分休ませる。

成形
5　生地を丸め直し、生地全体に霧吹きをし、
コーングリッツの入ったバットに生地を入れてま
ぶす（a）。オーブンシートを敷いた天板にのせる。

二次発酵
6　オーブンの発酵機能35℃で約60分、生地が
ひとまわり大きくなるまで二次発酵させる。

フライパンで焼く
7　フライパンに油をひかずに生地をのせ、両面
焼き色がつくまで中火でじっくりと火を通す（b）。

ロールパン

卵の入った菓子パン生地で作る、リッチな味わいのプチパン。
薄力粉を配合して軽さと歯切れのよさを出しました。
シナモンロールにアレンジしたり、油で揚げればドーナツにもなります。

【基本のロールパン】

ロールパンの成形は生地ののばし方がポイント。涙形の底辺を長くしすぎないようにし、きつく巻かないようにすることで、コロンとかわいい形に仕上がります。

材料／5個分

強力粉（はるゆたかブレンド）
　140g
薄力粉　20g
塩　3g
砂糖（素焚糖）　20g

酵母元種　55g
全卵　25g
牛乳　25g
水　30g
バター（食塩不使用）　16g
仕上げ用とき卵　適量

準備

・牛乳と水は温度調整をしておく。粉が室温の前提で、春と秋は20℃、夏は冷蔵庫で冷やし、冬は30℃が目安。
・バターは生地をこね始めるときに冷蔵庫から室温に出しておく。

こね

   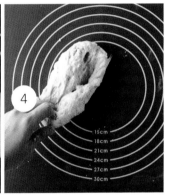

1 ボウルをはかりにのせ、酵母元種、全卵、牛乳、水をはかり入れて泡立て器で溶き、強力粉、薄力粉、塩、砂糖をはかり入れ、ゴムべらで混ぜる。

↓

牛乳、水は温度をはかり、温度調整をしてから入れる。

2 ひとまとまりになるまで混ぜる。

3 シリコンマットの上に移し、手のひらを使ってマットにこすりつけるようにし、約1分すり混ぜる。

4 少しずつ向きを変えながらシリコンマットにたたきつけるようにして約15分こねる。

↓

グルテンの薄い膜（生地を指でのばすと向こう側が透けるくらい薄い状態）ができたらOK。

バターは生地と同じくらいのかたさになったものを入れると混ざりやすい。

油っこさがなくなるまでこねたらOK。丸くまとめる。

生地に打ち粉（強力粉・分量外）をし、四隅をカードではがして保存容器ごと逆さまにしてやさしく生地を取り出す。

とじ目は軽くきゅっとつまんでとじる。

↑

//////一次発酵//////

//////分割・丸め//////

//////ベンチタイム//////

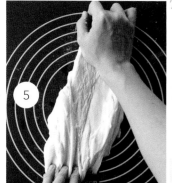

5 バターをのせて生地で包み、カードで生地を4等分して重ねてから再度こねていく。完全に混ざるまでこねる。

6 保存容器に入れて指でならして平らにし、容器の側面にマスキングテープなどで印をつけて大きさの変化がわかるようにする。ふたをして室温で一次発酵させる。

7 生地を取り出し、カードで5分割し、生地の表面を下に巻き込むようにして生地を張らせて丸め、とじ目を下にしておく。

8 生地にふきんをかぶせ、約15分休ませる。

↓

生地が約3倍にふくらんだら一次発酵完了。室温20〜25℃で9〜15時間が目安。または、1.5倍までふくらんだところで冷蔵庫の野菜室に入れてゆっくり発酵させても。砂糖が多い生地なので発酵に時間がかかる。

棒状にした生地を、片方が細くなるように転がして涙形にする。

太いほうを上にしてめん棒でつぶし、シリコンマットにくっつけて固定し、生地を下にのばすとよい。

成形

9

とじ目を上にして手のひらで平たくし、生地を3回折って巻き、棒状にする。そのあと細長い涙形にし、めん棒で長さ約25cmにのばす。

10

上の太いほうから下に向かってゆるめに巻き、とじ終わりをつまんで下にしてオーブンシートを敷いた天板にのせる。

二次発酵するとふくらむので、間隔をあけてのせる。

二次発酵

11

オーブンの発酵機能35℃で約75分、生地がひとまわり大きくなるまで二次発酵させる。

オーブンを190℃に予熱する。

焼成

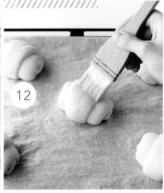
12

表面にとき卵をはけでぬり、190℃で約13分焼く。

カルダモンロール

ロールパン生地のアレンジ生地で作る、スウェーデンで人気の菓子パン。
独特の成形は慣れるまで少し難しいですが、
適当にくるくる巻いても、意外とかわいく仕上がります。

材料／5個分

強力粉（はるゆたかブレンド）　　酵母元種　55g
　140g　　　　　　　　　　　　卵黄1個分+牛乳　90g
薄力粉　20g　　　　　　　　　　バター（食塩不使用）　20g
塩　3g　　　　　　　　　　　　　フィリング
砂糖（素焚糖）　20g　　　　　　┌ バター（食塩不使用）　25g
　　　　　　　　　　　　　　　　│ 砂糖（素焚糖）　25g
　　　　　　　　　　　　　　　　│ カルダモンパウダー　小さじ1.5
　　　　　　　　　　　　　　　　└ シナモンパウダー　2つまみ

準 備

・牛乳は温度調整をしておく。粉が室温の前提で、春と秋は20℃、夏は冷蔵庫で冷やし、冬は30℃が目安。
・バターは生地をこね始めるときに冷蔵庫から室温に出しておく。
・フィリングのバターは室温にもどし、フィリングの材料すべてと混ぜておく。
・卵黄1個分+牛乳のうち、8gを仕上げ用にとっておく。

こね

1　p.25〜26の作り方1〜5を参照してこねる。

一次発酵

2　保存容器に入れて約3倍にふくらむまで一次発酵させる。室温20〜25℃で9〜15時間が目安。

分割・成形

3　生地を取り出し、表面に打ち粉（強力粉。分量外）をしてめん棒で縦35×横15cmにのばし、フィリングを下半分にぬる（a）。上半分の生地をかぶせるように二つ折りにしてめん棒でならして少し縦幅を出す。

4　縦方向に3cm幅に切り分け、さらに上1cmだけがつながった状態に切り込みを入れる（b）。それぞれ左右に開いて1本にし、生地をねじる。

5　生地の片端を人さし指を軸に固定し、もう片方の手でそのまわりに生地を巻きつける（c）。巻き終わりは上から下に回して巻き、はじめの片端にくっつけて、つまんでとめる（d）。

二次発酵

6　オーブンの発酵機能30℃で約70分、または室温でふきんをかけてひとまわり大きくなるまで二次発酵させる。

焼成

7　表面に仕上げ用にとっておいた卵液をぬり、220℃に予熱したオーブンで約14分焼く。

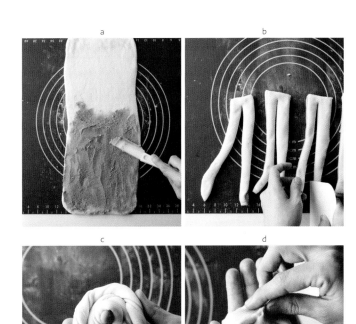

材料／5個分
カルダモンロールの生地（p.29参照）　全量
フィリング
┌ バター（食塩不使用）　25g
│ 砂糖（素焚糖）　25g
└ シナモンパウダー　小さじ1
ポップシュガー（p.16参照）　適量

準 備
・牛乳は温度調整をしておく。粉が室温の前提で
　春と秋は20℃、夏は冷蔵庫で冷やし、冬は30℃
　が目安。
・バターは生地をこね始めるときに冷蔵庫から室温
　に出しておく。
・フィリングのバターは室温にもどし、フィリングの
　材料すべてと混ぜておく。
・卵黄1個分＋牛乳のうち、8gを仕上げ用にとって
　おく。

こね
1　p.25～26の作り方1～5を参照してこねる。

一次発酵
2　保存容器に入れて約3倍にふくらむまで一次発
酵させる。室温20～25℃で9～15時間が目安。

分割・成形
3　生地を取り出し、表面に打ち粉（強力粉。分量
外）をしてめん棒で縦18×横24cmにのばし、巻き終
わり2cmに仕上げ用卵液の一部をぬり、それ以外に
はフィリングをぬり、生地を巻く（a）。巻き終わりはつ
まんでくっつける。
4　台形が5個とれるようにカードで切り分け、台形
の細いほうを上にしておき、箸で底まで押して凹ませ
る（b）。オーブンシートを敷いた天板にのせる。

二次発酵
5　オーブンの発酵機能30℃約70分または室温で
ふきんをかけてひとまわり大きくなるまで、二次発酵
させる。

焼成
6　表面に仕上げ用卵液をぬってポップシュガーをつ
け、200℃に予熱したオーブンで約12分焼く。

シナモンロール

水分は卵黄と牛乳のみ。ずっしりとした生地がスパイスと好相性。
フィンランドでこのパンは「平手打ちされた耳」と呼ばれているそう。

a

b

材料／5個分
基本のロールパン生地（p.25参照）　全量
揚げ油（米油またはサラダ油）　適量
砂糖（素焚糖）　適量

準 備
- 牛乳と水は温度調整をしておく。粉が室温の
  前提で、春と秋は20℃、夏は冷蔵庫で冷やし、
  冬は30℃が目安。
- バターは生地をこね始めるときに冷蔵庫から
  室温に出しておく。

こね
1　p.25～26の作り方1～5を参照してこねる。

一次発酵
2　保存容器に入れて約3倍にふくらむまで一次
発酵させる。室温20～25℃で9～15時間が目安。

分割・丸め
3　生地を取り出し、カードで5分割し、生地の
表面を下に巻き込むようにして生地のとじ目を下
にして丸める。

ベンチタイム
4　生地にふきんをかぶせ、約15分休ませる。

成形
5　生地を丸め直して手のひらで平たくし、真
ん中をペットボトルのキャップなどでくりぬく（a）。
オーブンシートを敷いた天板にのせ、くりぬいた
部分ものせる。

二次発酵
6　オーブンの発酵機能30℃で約60分、または
室温でふきんをかけてひとまわり大きくなるまで
二次発酵させる。

揚げる
7　150℃に熱した揚げ油に入れ、両面がきつね
色になるまで揚げる。くりぬいた部分も一緒に揚
げる（b）。網にのせて油をきり、熱いうちに砂糖
をまぶす。

ドーナツ

基本のロールパン生地で作るドーナツはもっちりふわふわで、
米油で揚げると軽い食べ心地。アツアツでも時間がたってもおいしい！

a

b

リュスティック

丸めたりせずに生地を切るだけで成形するのが特徴のリュスティック。
水分がたくさん入るので中は気泡たっぷり。
生地がだれやすいので夏場は冷蔵庫を利用した発酵がおすすめです。

【基本のリュスティック】

こねない生地なので生地作りはとっても簡単ですが、焼成時のオーブンの使い方にコツがあります。シンプルな材料で作るパンこそ、酵母のうまみが活きてきます。

材料／4個分

準強力粉（タイプER。p.16参照）
　　160g
塩　3g
砂糖（素焚糖）　6g
酵母元種　55g
水　105g

準 備

・水は温度調整をしておく。粉が室温の前提で、春と秋は20℃、夏は冷蔵庫で冷やし、冬は25℃が目安。
・天板くらいの大きさに切ったダンボールを1枚用意する。

生地が約2.5倍にふくらんだら一次発酵完了。室温20〜25℃で6〜9時間が目安。または1.5倍までふくらんだら野菜室で冷蔵発酵させる。

混ぜる

1

ボウルをはかりにのせ、酵母元種、水の順にはかり入れ、泡立て器で溶く。完全に溶けきらなくてもOK。

↓

水は温度をはかり、温度調整をしてから入れる。

2

準強力粉、塩、砂糖をはかり入れ、ゴムべらで粉気がなくなるまで混ぜる。ボウルにラップをかけて20分ほど室温におく。

パンチ

3

水でぬらした手で生地の端をボウルからはがして持ち上げ、中央に向かって折りたたむ作業を一周行い、生地の上下を返す。この作業をパンチと呼ぶ。20分おきに3回パンチをする。

↓

2回目。1回目より生地がなめらかになっている。3回目。生地のグルテンが強化されてさらになめらかになる。

一次発酵

4

保存容器に移して指でならして生地を平らにし、容器の側面にマスキングテープなどで印をつけて大きさの変化がわかるようにする。ふたをして室温で一次発酵させる。

生地に打ち粉（準強力粉。分量外）を
し、四隅をカードではがして保存容器
ごと逆さまにし、やさしく生地を取り
出す。

↑

分割・成形

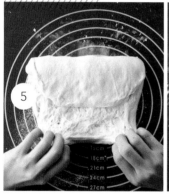

5

生地を取り出し、上下を折って
三つ折りにし、表面を手のひら
で軽くたたいて生地の中の気
泡を分散させる。

6

カードで4分割する。

二次発酵

7

打ち粉（準強力粉。分量外）を
ふったキャンバスシートにのせ、
形を保つようにパン生地の両サ
イドの布を立てて布どりをする。

8

キャンバスシートをかぶせ、室
温で約50分、生地が少しふっ
くらするまで二次発酵させる。

焼成

9	10	11	12

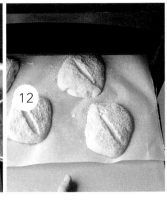

9
生地が少しふっくらとしたら二次発酵完了。

↓

オーブンを20分以上前から最高温度に予熱しておく。その際、天板2枚も入れて予熱する。

10
ダンボールの上にオーブンシートを敷く。生地の表面に打ち粉（準強力粉。分量外）をふり、カードで生地を移す。クープナイフの刃を斜めにして刃先で削ぐように斜めに1本クープを入れる。

11
オーブンの上段の天板に湯約100mℓを入れる。生地の上の空間に霧吹きをし（直接吹きかけると粉が飛んでしまうので生地の上の空間に吹きかける感じ）、庫内（2枚の天板の間）にも霧吹きをする。

12
生地をダンボールからオーブンシートごと、下段の天板にすべらせるようにして入れる。スチームモード180℃で10分焼き、通常モードに切り替えて230℃で約10分好みの焼き色がつくまで焼く。

※ガスオーブンで上記の方法でうまく焼けない場合、最初の8分はオーブンのスイッチを切り、その後210℃で焼き色がつくまで焼く。
※石窯上位機種で焼く場合、加熱水蒸気（スチーム）250℃で10分焼き、その後通常モードに切り替えて230℃で約8分焼く。

材料／4個分
準強力粉（タイプ ER。p.16参照）　160g
塩　3g
砂糖（素焚糖）　6g
酵母元種　55g
水　100g
レモンピール　55g

準 備
・水は温度調整をしておく。粉が室温の前提で、春と秋は20℃、夏は冷蔵庫で冷やし、冬は25℃が目安。
・天板くらいの大きさに切ったダンボールを1枚用意する。

混ぜる
1　p.33の作り方1〜2を参照して混ぜ、最後にレモンピールを加え（a）、カードで生地を切って重ねるようにしてから（b）、均一に練り込む。

パンチ
2　p.33の作り方3を参照して20分おきに3回パンチをする。

一次発酵
3　保存容器に入れて約2.5倍にふくらむまで一次発酵させる。室温20〜25℃で6〜9時間が目安。

分割・成形
4　生地を取り出し、上下を折って三つ折りにし、表面を手のひらで軽くたたいて生地の中の気泡を分散させる。カードで4分割する。
5　打ち粉（準強力粉。分量外）をふったキャンバスシートにのせ、形を保つようにパン生地の両サイドの布を立てて布どりをする。

二次発酵
6　キャンバスシートをかぶせ、室温で約50分、生地が少しふっくらするまで二次発酵させる。

焼成
7　オーブンを最高温度に予熱し、p.35の作り方10〜12を参照し、スチームモード180℃で10分、通常モードに切り替えて230℃で約10分焼く。

レモンピールのリュスティック
レモンピールの甘みと香りで、ハード系パンがより食べやすくなります。
レモンピールに水気があるので、
基本の生地より水分を少なめの配合にします。

a　　　　　　b

抹茶のねじねじスティック

基本のリュスティック生地にちょっとアレンジを加え、ねじって成形します。
生地がぎゅっと詰まってまた違った食感が楽しめます。

準強力粉（タイプER。　　酵母元種　55g
　　p.16参照）160g　　水　100g
塩　3g　　　　　　　　　抹茶　4g
砂糖（素焚糖）12g　　　甘納豆（好みのもの）55g

準備

・水は温度調整をしておく。粉が室温の前提で、
　春と秋は20℃、夏は冷蔵庫で冷やし、冬は
　25℃が目安。
・天板くらいの大きさに切ったダンボールを1枚
　用意する。

混ぜる

1　p.33の作り方1〜2を参照して混ぜる。2の
粉類を入れるときに抹茶も加える。

パンチ

2　p.33の作り方3を参照して20分おきに3回
パンチをする。

一次発酵

3　保存容器に入れて約2.5倍にふくらむまで一
次発酵させる。室温20〜25℃で6〜9時間が目安。

分割・成形

4　生地を取り出し、縦25×横15cmの長方形に
のばし、生地の下半分に甘納豆を散らしてのせ、
上半分の生地をかぶせて二つ折りにし(a)、手で
軽くならす。

5　表面に打ち粉（準強力粉。分量外）をし、縦
3cm幅に切り分け、それぞれねじる(b)。

6　打ち粉をふったキャンバスシートにのせ、形を
保つようにパン生地の両サイドの布を立てて布ど
りをする。

二次発酵

7　キャンバスシートをかぶせ、室温で約50分、
生地が少しふっくらするまで二次発酵させる。

焼成

8　オーブンを最高温度に予熱し、p.35の作り
方11〜12を参照し、スチームモード180℃で10分、
通常モードに切り替えて230℃で約8分焼く。

ピザパン

シンプルなリュスティック生地はピザの土台としても使えます。
水分を減らし、オリーブオイルを入れた生地は歯切れのよい焼き上がり。
トマトピューレを使ったお手軽ピザソースを使用。トッピングはお好みで。

材料／4個分

準強力粉 (タイプ ER。	ピザソース	トッピング
p.16参照) 160g	┌ トマトピューレ	┌ モッツァレラチーズ
塩 3g	│ 大さじ3	│ 100g
砂糖 (素焚糖) 6g	│ にんにく (すりおろし)	│ オリーブオイル
酵母元種 55g	│ ½かけ分	│ 小さじ4
水 80g	│ 塩 小さじ¼	│ 塩、こしょう、バジル
オリーブオイル 6g	└ 砂糖 小さじ½	└ 各少々

準 備

- 水は温度調整をしておく。粉が室温の前提で、春と秋は20℃、夏は冷蔵庫で冷やし、冬は25℃が目安。
- 天板くらいの大きさに切ったダンボールを1枚用意する。
- ピザソースの材料は混ぜておく。

混ぜる

1 ボウルをはかりにのせ、酵母元種、水、オリーブオイルの順にはかり入れ (a)、泡立て器で溶く。準強力粉、塩、砂糖をはかり入れ、ゴムべらで粉気がなくなるまで混ぜる。

パンチ

2 p.33の作り方3を参照して20分後に1回パンチをする。

一次発酵

3 保存容器に入れて約2.5倍にふくらむまで一次発酵させる。室温20〜25℃で6〜9時間が目安。

分割・丸め

4 生地を取り出し、カードで4分割し (b)、生地の表面を張らせるようにして生地のとじ目を下にして丸める。

ベンチタイム

5 生地にふきんをかぶせ、約15分休ませる。

成形

6 打ち粉 (準強力粉。分量外)をして、めん棒で直径約12cmに丸くのばし (c)、ダンボールの上にオーブンシートを敷き、生地をのせる。

二次発酵

7 ダンボールにのせたまま、オーブンの発酵機能35℃で約60分、生地がひとまわり大きくなるまで二次発酵させる。

焼成

8 生地の縁約1cmを残して指で生地を押し、ピザソースをぬり (d)、食べやすくちぎったチーズをのせ、オリーブオイル小さじ1ずつをかけて塩、こしょうをふる。

9 オーブンに天板1枚を入れ、最高温度で20分予熱する。生地をオーブンシートごと天板にすべらせるようにして入れ、230℃で約13分焼く (スチームモードは使わない)。仕上げにバジルを飾る。

a

b

c

d

プチカンパーニュ

全粒粉やライ麦粉など精製度の低い粉を配合したパン、カンパーニュ。
自家製酵母で作るとイーストでは出せない複雑なうまみが生地に生まれ、
かめばかむほど味わい深いパンに仕上がります。

【基本のプチカンパーニュ】

リュスティック同様、こねずにできる作り方です。サンドイッチにしても楽しめ、翌日以降は霧吹きをしてトーストすると焼きたてのおいしさが復活します。

材料／4個分

準強力粉（タイプER。p.16参照）　130g
全粒粉　15g
ライ麦粉　15g
塩　3g
砂糖（素焚糖）　10g
酵母元種　55g
水　105g

準備

・水は温度調整をしておく。粉が室温の前提で、春と秋は20℃、夏は冷蔵庫で冷やし、冬は25℃が目安。
・天板くらいの大きさに切ったダンボールを1枚用意する。

生地が約2.5倍にふくらんだら一次発酵完了。室温20～25℃で5～8時間が目安。または1.5倍までふくらんだら野菜室で冷蔵発酵させる。

混ぜる

1

ボウルをはかりにのせ、酵母元種、水を順にはかり入れ、泡立て器で溶く。完全に溶けきらなくてもOK。

↓

水は温度をはかり、温度調整をしてから入れる。

2

準強力粉、全粒粉、ライ麦粉、塩、砂糖をはかり入れ、ゴムべらで粉気がなくなるまで混ぜる。ボウルにラップをかけて20分ほど室温におく。

パンチ

3

水でぬらした手で生地の端をボウルからはがして持ち上げ、中央に向かって折りたたむ作業を一周行い、生地の上下を返す。この作業をパンチと呼ぶ。20分おきに3回パンチをする。

↓

2回目。1回目より生地がなめらかになっている。3回目。生地のグルテンが強化されてさらになめらかになる。

2回目 　**3回目**

一次発酵

4

保存容器に移して指でならして生地を平らにし、容器の側面にマスキングテープなどで印をつけて大きさの変化がわかるようにする。ふたをして室温で一次発酵させる。

→

生地に打ち粉（準強力粉。分量外）を
し、四隅をカードではがして保存容器
ごと逆さまにし、やさしく生地を取り
出す。

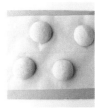

生地がひとまわり大きくなったら二次
発酵完了。

分割・丸め

5

生地を取り出し、カードで4分
割し、生地の表面を下に巻き
込むようにして生地を張らせて
丸め、とじ目を下にしておく。

ベンチタイム

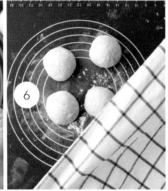

6

生地にふきんをかぶせ、約15分
休ませる。

成形

7

生地を張らせるように丸め直し、
とじ目を下にする。ダンボール
の上にオーブンシートを敷き、
とじ目を下にしてのせる。

とじ目は指でつまんでしっかりととじる。

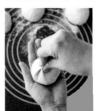

二次発酵

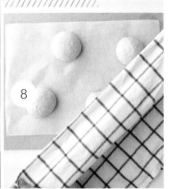

8

ふきんをかぶせ、室温で約60
分おいて二次発酵させる。寒
い時期は発酵が遅いのでやや
長めに、暑い時期は短めに発
酵時間をとる。

オーブンを20分以上前から最高温度
に予熱しておく。その際、天板2枚も
入れて予熱する。

パン・オ・セレアル

プチカンパーニュの作り方7の成形後に生地表面を霧吹きで湿らせ、ボウルに入れたひまわりの種と白ごま各適量を表面にまぶしつけます。焼成前にクープナイフで1本クープを入れ、あとは同様に焼き上げます。

プラス ひと手間で

焼成

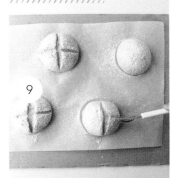

9

生地の表面に打ち粉(準強力粉。分量外)をふり、クープナイフの刃先で削ぐように十文字にクープを入れる。

10

オーブンの上段の天板に湯約100mℓを入れる。

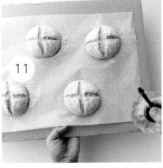

11

生地の上の空間に霧吹きをし(直接吹きかけると粉が飛んでしまうので生地の上の空間に吹きかける感じ)、庫内(2枚の天板の間)にも霧吹きをする。

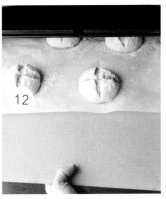

12

生地をオーブンシートごと、下段の天板にすべらせるようにして入れる。スチームモード180℃で10分焼き、通常モードに切り替えて230℃で好みの焼き色がつくまで約10分焼く。

※ガスオーブンで上記の方法でうまく焼けない場合、最初の8分はオーブンのスイッチを切り、その後210℃で焼き色がつくまで焼く。
※石窯上位機種で焼く場合、加熱水蒸気(スチーム)250℃で10分焼き、その後通常モードに切り替えて230℃で約8分焼く。

いちじくとくるみの
プチカンパーニュ

いちじくをかたどった、愛らしいプチパン。
いちじくはさっと湯通しすることで、よりジューシーになります。

材料／4個分

基本のプチカンパーニュ生地
　（p.41参照）　全量
ドライいちじく　70g
くるみ　40g

準 備

- 水は温度調整をしておく。粉が室温の前提で、春と秋は20℃、夏は冷蔵庫で冷やし、冬は25℃が目安。
- 天板くらいの大きさに切ったダンボールを1枚用意する。
- ドライいちじくはさっと湯通しして1.5cm角に切る。
- くるみは180℃のオーブンで約8分ローストし、大きければ半分に割る。

混ぜる

1　p.41の作り方1〜2を参照して混ぜ、最後にいちじくとくるみを加えて均一に混ぜる（a）。

パンチ

2　p.41の作り方3を参照して20分おきに3回パンチをする。

一次発酵

3　保存容器に入れて約2.5倍にふくらむまで一次発酵させる。室温20〜25℃で6〜10時間が目安。

分割・丸め

4　生地を取り出し、カードで4分割し、生地の表面を下に巻き込むようにして生地のとじ目を下にして丸める。

ベンチタイム

5　生地にふきんをかぶせ、約15分休ませる。

成形

6　生地を張らせるように丸め直し、打ち粉（準強力粉。分量外）をふり、生地の一部を細長くのばしていちじくのへたに見立てる（b）。

7　ダンボールの上にオーブンシートを敷き、とじ目を下にしてのせる。

二次発酵

8　ふきんをかぶせ、室温で約60分、生地がひとまわり大きくなるまで二次発酵させる。

焼成

9　生地の表面に打ち粉をふり、クープナイフで縦に3本クープを入れる。オーブンを最高温度に予熱し、**p.43の作り方10〜12**を参照し、スチームモード180℃で10分、通常モードに切り替えて230℃で約8分焼く。

a

b

材料／4個分
基本のプチカンパーニュ生地（p.41参照）　全量
栗の渋皮煮　70g+4粒
ビターチョコレート　25g
米油、ライ麦粉（成形用）　各適量

混ぜる

1　p.41の作り方1〜2を参照して混ぜ、最後に刻んだ栗とチョコレートを加えて均一に混ぜる。

パンチ

2　p.41の作り方3を参照して20分おきに3回パンチをする。

一次発酵

3　保存容器に入れて約2.5倍にふくらむまで一次発酵させる。室温20〜25℃で6〜10時間が目安。

分割・丸め

4　生地を取り出し、カードで4分割し、生地の表面を下に巻き込むようにして生地のとじ目を下にして丸める。

ベンチタイム

5　生地にふきんをかぶせ、約15分休ませる。

成形

6　生地のとじ目を上にして丸くのばし、栗をおく。生地の縁に米油をぬってライ麦粉をふり（a）、まわりの生地を集めて包み、指でひねってとじる（b）。打ち粉（ライ麦粉。分量外）をふったキャンバスシートにとじ目を下にしてのせ、パン生地の両サイドの布を立てて布どり（p.34参照）をする。

二次発酵

7　キャンバスシートをかぶせ、室温で約60分、生地がひとまわり大きくなるまで二次発酵させる。

焼成

8　ダンボールの上にオーブンシートを敷き、生地をとじ目が上になるようにしてのせる。オーブンを最高温度に予熱し、p.43の作り方10〜12を参照し、スチームモード180℃で10分、通常モードに切り替えて230℃で約10分焼く。

準備

・水は温度調整をしておく。粉が室温の前提で、春と秋は20℃、夏は冷蔵庫で冷やし、冬は25℃が目安。
・天板くらいの大きさに切ったダンボールを1枚用意する。
・栗は4粒はそのまま、70gは3〜4つに切る。チョコレートは1cm角に切る。

栗とチョコの
プチカンパーニュ

相性のいい栗とチョコの組み合わせ。とじ目になる部分にオイルとライ麦粉をつけて成形すると、焼成時自然と生地が開き、パンに表情が出ます。

a

b

材料／4個分

準強力粉 (タイプER。	酵母元種　55g
p.16参照)　115g	水　60g
ライ麦粉　30g	牛乳　55g
ココアパウダー　15g	ビターチョコレート　30g
塩　3g	ドライクランベリー　30g
砂糖 (素焚糖)　16g	アーモンド　25g

準 備

・水と牛乳は温度調整をしておく。粉が室温の前提で、春と
　秋は20℃、夏は冷蔵庫で冷やし、冬は25℃が目安。
・天板くらいの大きさに切ったダンボールを1枚用意する。
・チョコレートは1cm角に切る。
・アーモンドは180℃のオーブンで約8分ローストする。

混ぜる

1　ボウルをはかりにのせ、酵母元種、水、牛乳をはかり入れ、
泡立て器で溶く。準強力粉、ライ麦粉、ココアパウダー、塩、
砂糖をはかり入れ、ゴムべらで粉気がなくなるまで混ぜる (a)。

2　チョコレート、クランベリー、アーモンドを加えて均一にな
るまでカードで混ぜる (b)。

パンチ

3　p.41の作り方3を参照して20分おきに3回パンチをする。

一次発酵

4　保存容器に入れて約2.5倍にふくらむまで一次発酵させる。
室温20〜25℃で7〜10時間が目安。

分割・丸め

5　生地を取り出し、カードで4分割し、生地の表面を下に巻
き込むようにして生地のとじ目を下にして丸める。

ベンチタイム

6　生地にふきんをかぶせ、約15分休ませる。

成形

7　生地のとじ目を上にして平たくしてから上下を折り (c)、
90度向きを変えて3回張らせるように折って棒状にする。ダン
ボールの上にオーブンシートを敷き、とじ目を下にしてのせる。

二次発酵

8　ふきんをかぶせ、室温で約60分、生地がひとまわり大きく
なるまで二次発酵させる。

焼成

9　生地の表面に打ち粉 (準強力粉。分量外)をふり、クープ
ナイフの刃を倒して刃先で削ぐように縦に1本クープを入れる
(d)。オーブンを予熱し、p.43の作り方10〜12を参照し、ス
チームモード180℃で10分焼き、通常モードに切り替えて
230℃で約10分焼く。

ライ麦ココアのクッペ

ココア生地にライ麦粉を加えると、よりしっとりと仕上がります。
ココアを入れると生地が締まってクープが開きやすくなるので、
クッペ形に成形。クランベリーがアクセントです。

ソーセージパン

パリッとハードなプチカンパーニュ生地に
ジューシーなソーセージと青じその取り合わせ。
クセになるおいしさです。

材料／4個分
基本のプチカンパーニュ生地（p.41参照）　全量
ウインナーソーセージ　8本
青じそ　4枚

準備
・水は温度調整をしておく。粉が室温の前提で、春と秋は
　20℃、夏は冷蔵庫で冷やし、冬は25℃が目安。
・天板くらいの大きさに切ったダンボールを1枚用意する。

a

b

混ぜる
1　p.41の作り方1〜2を参照して混ぜる。

パンチ
2　p.41の作り方3を参照して20分おきに3回パンチをする。

一次発酵
3　保存容器に入れて約2.5倍にふくらむまで一次発酵させる。室温20〜25℃で6〜9時間が目安。

分割・丸め
4　生地を取り出し、カードで4分割し、生地の表面を下に巻き込むようにして生地のとじ目を下にして丸める。

ベンチタイム
5　生地にふきんをかぶせ、約15分休ませる。

成形
6　生地のとじ目を上にして楕円形にのばし、青じそ1枚をおき、ソーセージ2本を横に並べてのせる（a）。

7　生地を3回折って包む。1回目で上の生地をかぶせるようにしてソーセージをとじ込み、あと2回生地で巻くように折ってつまんでとじる。打ち粉（準強力粉。分量外）をふったキャンバスシートにのせ、パン生地の両サイドの布を立てて布どり（p.34参照）をする。

二次発酵
8　キャンバスシートをかぶせ、室温で約60分、生地がひとまわり大きくなるまで二次発酵させる。

焼成
9　ダンボールの上にオーブンシートを敷き、とじ目を下にしてのせ、U字形に曲げる。打ち粉をふり、はさみで4か所切り込みを入れ（b）、オーブンを最高温度に予熱し、p.43の作り方10〜12を参照し、スチームモード180℃で10分、通常モードに切り替えて230℃で約8分焼く。

じゃがバターパン

パン生地でじゃがいもとチーズを包み、
切れ目にマヨネーズとバターをのせて焼き上げます。
パンはカリッと香ばしく、中はホクホク。

材料／4個分

基本のプチカンパーニュ生地	シュレッドチーズ　30g
（p.41参照）全量	バター（有塩）　12g
じゃがいも　大1個	マヨネーズ　適量

準備

・水は温度調整をしておく。粉が室温の前提で、春と秋は
　20℃、夏は冷蔵庫で冷やし、冬は25℃が目安。
・天板くらいの大きさに切ったダンボールを1枚用意する。
・じゃがいもは皮ごと洗ってラップで包み、電子レンジ
　（600W）で約2分30秒加熱する。皮をむいて12等分し、
　塩ひとつまみ（分量外）を混ぜる。
・バターは3gずつに分ける。

a

b

混ぜる

1　p.41の作り方1〜2を参照して混ぜる。

パンチ

2　p.41の作り方3を参照して20分おきに3回パンチをする。

一次発酵

3　保存容器に入れて約2.5倍にふくらむまで一次発酵させる。室温20〜25℃で6〜9時間が目安。

分割・丸め

4　生地を取り出し、カードで4分割し、生地の表面を下に巻き込むようにして生地のとじ目を下にして丸める。

ベンチタイム

5　生地にふきんをかぶせ、約15分休ませる。

成形

6　生地のとじ目を上にして丸くのばす。じゃがいも3切れ、チーズ¼量をおき（a）、まわりの生地を集めて包み、指でつまんでとじる。ダンボールの上にオーブンシートを敷き、とじ目を下にしてのせる。

二次発酵

7　ふきんをかぶせ、室温で約60分、生地がひとまわり大きくなるまで二次発酵させる。

焼成

8　生地の表面に打ち粉（準強力粉。分量外）をふり、はさみで十文字に切り目を入れ、切れ口にマヨネーズ、バターをのせる（b）。オーブンを最高温度に予熱し、p.43の作り方10〜12を参照し、スチームモード180℃で10分、通常モードに切り替えて230℃で約10分焼く。

ベーグル

自家製酵母のベーグルは皮が香ばしく、
もっちりとしてひきが強いのが魅力。
イーストで作る場合は一次発酵がいりませんが、
酵母を使う場合はしっかりと一次発酵で
ふくらませるのがポイントです。

【基本のベーグル】

シンプルな材料のプレーンベーグルは、おいしい粉と自家製酵母で作ると
うまみたっぷりの仕上がりに。いつ食べても飽きないおいしさです。

材料／4個分
準強力粉 (タイプER。p.16参照)　140g
全粒粉　20g
塩　3g
砂糖 (素焚糖)　10g
酵母元種　50g
水　70g

準備
・水は温度調整をしておく。粉が室温の前提で、
　春と秋は20℃、夏は冷蔵庫で冷やし、冬は
　30℃が目安。

こね

一次発酵

1 ボウルをはかりにのせ、酵母元種、水の順にはかり入れ、泡立て器で溶く。さらに準強力粉、全粒粉、塩、砂糖をはかり入れ、ゴムべらでひとまとまりになるまで混ぜる。

↓

水は温度をはかり、温度調整をしてから入れる。

2 シリコンマットの上に移し、手のひらを使ってマットにこすりつけるようにして約1分すり混ぜる。

3 少しずつ向きを変えながらシリコンマットにたたきつけるようにして約5分こねる。生地は表面が少しなめらかになるが、グルテンの膜はできていない状態。

4 保存容器に入れて指でならして平らにし、容器の側面にマスキングテープなどで印をつけて大きさの変化がわかるようにする。この状態で室温で一次発酵させる。

↓

生地が約2.5倍にふくらんだら一次発酵完了。室温20〜25℃の場合、6〜9時間が目安。または、1.5倍までふくらんだところで冷蔵庫の野菜室に入れてゆっくり発酵させても。2日間保存できる。室温にもどしてから分割する

生地に打ち粉（強力粉。
分量外）をし、四隅をス
ケッパーではがして保
存容器ごと逆さまにし、
やさしく生地を取り出す。

とじ目は指でつまみ、
とじ目を下にする。

片方の端っこを開いて手のひらで薄くの
ばす。薄くのばすと仕上がりがきれい。

分割・丸め

生地を取り出し、カードで4分
割し、生地の表面を下に巻き
込むようにして生地を張らせて
丸め、とじ目を下にしておく。

ベンチタイム

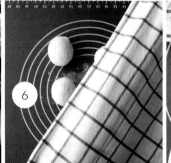

生地にふきんをかぶせ、約15分
休ませる。

成形

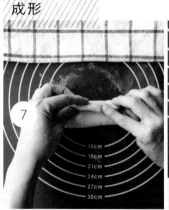

生地のとじ目を上にしてめん棒
で生地を楕円形にのばす。横
長に置き、上下を折ってからさ
らに二つ折りにする。

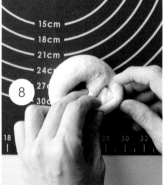

両手で転がして長さ約18cmの
棒状にのばし、片方の端っこを
開いて薄くのばし、もう片方を
包んで生地をつまみリング状に
する。しっかりかませるように包
むと均一な太さのベーグルにな
る。

とじ目は指でつまんでしっかりととめる。

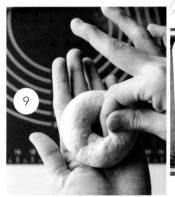

⑨ とじ目を穴の内側に入れると焼成時に開きにくくなる。オーブンシートを敷いた天板にとじ目を下にしてのせる。

二次発酵

⑩ オーブンの発酵機能35℃で約60分、生地が少しふっくらとするまで二次発酵させる。写真は発酵後。

↓

オーブンは220℃に予熱する。

ゆでる

⑪ フライパンに湯1ℓを沸かし、はちみつ（または砂糖。分量外）大さじ1を加える。生地を入れ、片面15秒ずつゆでて網じゃくしですくい、再度オーブンシートを敷いた天板にのせる。

↓

 湯にはちみつを入れると、色よくゆで上がる。

焼成

⑫ ゆでたらなるべく早くオーブンに入れ、220℃のオーブンで約16分、おいしそうな焼き色がつくまで焼く。

材料／4個分

準強力粉（タイプ ER。	酵母元種　50g
p.16参照）160g	水　60g
塩　3g	かぼちゃ　正味140g
砂糖（素焚糖）12g	フィリング用
	砂糖（素焚糖）10g
	かぼちゃの種　20粒

こね

1　p.51の作り方1〜3を参照してこねる。作り方1の酵母元種と水を溶くときにかぼちゃペースト60gを混ぜる（a）。

一次発酵

2　保存容器に入れて約2.5倍にふくらむまで一次発酵させる。室温20〜25℃で6〜9時間が目安。

分割・丸め

3　生地を取り出し、カードで4分割し、生地の表面を下に巻き込むようにして生地のとじ目を下にして丸める。

ベンチタイム

4　生地にふきんをかぶせ、約15分休ませる。

成形

5　生地をめん棒で楕円形にのばし、フィリング用のかぼちゃペーストを¼量ずつ、周囲を少し残して薄くのばす（b）。手前からくるくる巻いて、とじ目をつまんで棒状にし、p.52〜53の作り方8〜9を参照してリング状にして、オーブンシートを敷いた天板にのせる。

二次発酵

6　オーブンの発酵機能35℃で約60分、生地が少しふっくらとするまで二次発酵させる。

ゆでる

7　p.53の作り方11を参照してゆでる。

焼成

8　かぼちゃの種を表面につけ、220℃に予熱したオーブンで約15分焼く。

a

b

準備

・水は温度調整をしておく。粉が室温の前提で、春と秋は20℃、夏は冷蔵庫で冷やし、冬は30℃が目安。

・かぼちゃは蒸すか電子レンジで加熱してやわらかくし、フォークでつぶしてペースト状にする。このうち60gは生地用に取りおき、残り80gはフィリング用に砂糖10gを混ぜておく。

かぼちゃベーグル

かぼちゃを生地に入れるとしっとり、もちもちの食感に。
中にもかぼちゃのマッシュを巻き込みました。かぼちゃは国産を使用。
冷凍品や外国産のものは水分が多い場合があるので調整が必要です。

材料／4個分

基本のベーグル生地（p.51参照）　全量
レッドチェダーチーズ、ゴーダチーズ　合わせて70g
トッピング用
　シュレッドチーズ　20g
粗びき黒こしょう　適量

準備

・水は温度調整をしておく。粉が室温の前提で、春と
　秋は20℃、夏は冷蔵庫で冷やし、冬は30℃が目安。
・レッドチェダーチーズ、ゴーダチーズは1.5cm角に切
　る。

こね

1　p.51の作り方1～3を参照してこねる。

一次発酵

2　保存容器に入れて約2.5倍にふくらむまで一次発酵
させる。室温20～25℃で6～9時間が目安。

分割・丸め

3　生地を取り出し、カードで4分割し、生地の表面を
下に巻き込むようにして生地のとじ目を下にして丸める。

ベンチタイム

4　生地にふきんをかぶせ、約15分休ませる。

成形

5　生地をめん棒で楕円形にのばし、上半分に2種類
のチーズを¼量ずつのせ、黒こしょうをふる（a）。初め
に生地を折るときにしっかりとチーズをとじ込み、あと2
回生地を折り、つまんでとじる。

6　長さ約20cmの棒状にのばし、片方の端っこを開い
て薄くのばし、手で固定して生地を2回ねじり（b）、も
う片方を包んで生地をつまみリング状にして、オーブン
シートを敷いた天板にのせる。

二次発酵

7　オーブンの発酵機能35℃で約60分、生地が少し
ふっくらとするまで二次発酵させる。

ゆでる

8　p.53の作り方11を参照してゆでる。

焼成

9　シュレッドチーズを表面につけ、220℃に予熱した
オーブンで約15分焼く。

チーズベーグル

中に入れるチーズは形の残りやすい
ブロックタイプやプロセスチーズがおすすめ。
ねじった成形にすると、
よりむぎゅっとした食感になります。

a

b

材料／4個分

準強力粉（タイプER。p.16参照）　160g	酵母元種　50g
紅茶の茶葉（アールグレイ）　2.5g	牛乳　75g
塩　3g	りんごのカラメル煮
砂糖（素焚糖）　12g	［りんご（酸味のある紅玉など）　1個
	バター（食塩不使用）　10g
	砂糖（上白糖）　25g
	レモンのしぼり汁　小さじ1
	］シナモンパウダー　少々

紅茶とりんごのベーグル

りんごのカラメル煮を紅茶入りの生地で包んだ、人気の定番。
一口ほおばると、りんごとバター、シナモンの甘い香りが広がります。
紅茶は、茶葉が細かいティーバッグのアールグレイを使います。

a　b
c　d

準備

・牛乳は温度調整をしておく。粉が室温の前提で、
　春と秋は20℃、夏は冷蔵庫で冷やし、冬は30℃
　が目安。

りんごのカラメル煮を作る

1　りんごは皮をむいて8等分のくし形に切って芯と種を除き、
5等分のいちょう切りにする。フライパンにバターをとかしてり
んごを炒め、透き通ったら砂糖、レモンのしぼり汁を加えてさ
らに炒める。茶色っぽくなってとろみがついてきたらシナモン
パウダーをふり（a）、バットなどに取り出して冷ます。

こね

2　p.51の作り方1〜3を参照してこねる。1の粉類をはかり
入れるときに紅茶の茶葉を混ぜる（b）。

一次発酵

3　保存容器に入れて約2.5倍にふくらむまで一次発酵させる。
室温20〜25℃で6〜9時間が目安。

分割・丸め

4　生地を取り出し、カードで4分割し、生地の表面を下に
巻き込むようにして生地のとじ目を下にして丸める。

ベンチタイム

5　生地にふきんをかぶせ、約15分休ませる。

成形

6　生地のとじ目を上にしてめん棒で楕円形にのばし、上半
分にりんごのカラメル煮を¼量ずつのせる（c）。初めに生地を
折るときにしっかりとりんごをとじ込み（d）、あと2回生地を
折って、つまんでとじる。

7　両手で転がして長さ約18cmの棒状にのばし、片方の端っ
こを開いて薄くのばし、もう片方を包んで生地をつまみリング
状にして、オーブンシートを敷いた天板にのせる。

二次発酵

8　オーブンの発酵機能35℃で約60分、生地が少しふっくら
とするまで二次発酵させる。

ゆでる

9　p.53の作り方11を参照してゆでる。

焼成

10　220℃に予熱したオーブンで約15分焼く。

もっと知りたい、自家製酵母のこと

せっかく自家製酵母を作っても、上手に活用できなければ宝の持ちぐされ。
特に液種は調味料としての使い道がいろいろとあります。
ここではキッチンにある酵母と上手につきあうためのアイデアとミニ知識を紹介します。

液種、元種の使いきり方は……

　自家製酵母の教室を主宰していて意外に多く生徒さんから聞くのが、酵母を使いきれず余らせてしまうというお悩みです。

　液種は味見をしてみるとわかりますが、それ自体とてもおいしいのです。ぶどう（レーズン）をアルコール発酵させているので、ワインのような、もしくは酵素ジュースのような味がします。私は炭酸水で割ってレモンを入れて飲むこともあります。

　また、液種は酵素の働きで食材をやわらかくする力があるので、肉や魚をつけるのにも最適です。数時間つけてから蒸したりグリルにすると、やわらかくてジューシーに仕上がります。

　さらに、レーズンの甘みが凝縮されているので、みりんの代わりに煮物に入れたり、ドレッシングにすると甘みや複雑なうまみを加えることができます。液種は家庭の万能調味料として料理にもどんどん使ってみてください。

酵母フレンチドレッシング……オリーブオイル大さじ4と酵母液種大さじ2をボウルに入れて泡立て器でとろみがつくまでよく混ぜ、白ワインビネガー大さじ2、フレンチマスタード大さじ1、塩小さじ¼を加えてよく混ぜる。冷蔵庫で5日ほど保存できます。

　一方元種は保存期間も短く、種継ぎするとどんどん増えてしまいますよね。頻繁にパンを作らないときは継ぐ粉と水の量を徐々に少なくしたり、倍量でパンを仕込んだりして使いきり、定期的に新しく起こしています。

　また元気がなくなってきた元種は、本書で紹介しているクラッカーやピザなど大きくふくらまなくてもおいしく食べられる生地に使うのがおすすめです。

ほかのフルーツで酵母を起こしたい場合は……

　レーズン酵母に成功するとほかのフルーツで酵母を起こすことにも興味がわいてきますよね。レーズンは発酵力が強いので、これで成功体験を得ることでほかの酵母でも成功したかどうかが見極められるようになりますし、ほかの酵母を起こすときのスターターとして小さじ1入れることで成功率をぐっと上げることができます。

　生のフルーツで起こす場合は、へたや種、皮のまわりに酵母菌がついているので、果肉は食べてしまっても大丈夫。たとえば、果肉を食べたあとのりんごやなしの芯や皮、桃、かんきつ類の種や皮で起こせば、万が一失敗してもダメージは少なくてすみます。生のフルーツはドライフルーツよりも液種起こしで発泡し始めるのが早く、また泡が落ち着くのも早い傾向にあるので、瓶底のおりがたまっているかをよく観察して完成を見極めましょう。

　ほかにもドライマンゴーは発酵力が強いのでおすすめ。珍しいものだとローズマリーなどのハーブ、紅茶やコーヒー、チョコレートでも酵母は起きます。何から起こしたかによって液種で作ったお菓子の風味も変わるので、慣れてきたら挑戦してみるのもおもしろいですね。

イースト → 酵母のレシピ変換方法

		変換後
粉　100g	→	粉　100g
イースト　1g	→	元種　30g
塩　2g	→	塩　2g
水　60g	→	水　54g

イーストのレシピはすべて酵母に置き換えられますし、逆も然りです。食感や風味は異なりますが、レシピを変換することで作れるレシピがぐっと増えます。

パンは粉を100%としたときに各材料が粉に対して何％入っているかでレシピを考えます（これをベーカーズパーセントと呼びます）。わかりやすく、粉が100g（100%）の左記のようなレシピがあったとします。

この場合ほかの材料もg＝%と考えてください。

私は粉の30〜35%の元種を入れることが多いので、ここでは計算しやすく30gをイーストの代わりに入れるとします。この本の元種は粉と水を1：1で継いでいるので、粉15g、水15gを入れるのと同じことになります。つまり粉は実質115gになります。水分は115gの60%なので115×0.6＝69gですが、ここからさらに元種の半分15gの水が入るので引きます。69-15＝54gが元種30gを入れた場合の水分量です。計算が難しい方は、元種というゆるいものが入る分、水分を少し減らすと覚えておいてください。塩は厳密には2.2gになるのですが、2gのままでも大丈夫です。

酵母 → イーストのレシピ変換方法

		変換後
粉　100g	→	粉　100g
元種　30g	→	イースト（0.3〜1.5%）
塩　2g	→	塩　2g
水　60g	→	水　65g

次は酵母のレシピをイーストに変換する方法です。左記のようなレシピがあったとします。元種が入る分、水の量が少なくなっていましたが、このレシピの本当の水分%は、（水60g＋元種の半分15g）÷（粉100g＋元種の半分15g）で求めると65%ということになります。よって元種が入らない場合は、100×0.65で65gの水を入れます。計算が難しい方は、イーストで作る場合は水分を少し増やすと覚えておいてください。

入れるイーストの量はお好みで。私は、やわらかくボリュームを出したいパンの場合は粉の量に対して1.5%、ハード系のパンなら0.3%ほど入れて作っています。

PART 2

レーズン酵母で作るお菓子

ここでは、酵母元種と液種を使って作るお菓子を紹介します。
ベーキングパウダーを使わず酵母の力でふくらませる発酵菓子なので
生地を発酵する時間が必要ですが、発酵時間によって食感が変わるのも
おもしろいところ。発酵が短いとぎゅっと詰まった食感になり、
長めだと気泡が入ってふわっとした食感になります。酵母自体に
甘みやしっとり効果があるので、砂糖や油が少なくてすむこともあります。

いちごのマフィン

ふわっとやさしい食感なのは、酵母液種の力でふくらませているから。
液種の風味とレーズンの甘みが生地から香ります。
いちごのほかにも旬のフルーツでいろいろなマフィンが楽しめます。

材料／直径7×高さ3cmのマフィン型6個分

薄力粉　120g	いちご　6個
アーモンドパウダー　20g	クランブル
卵　1個	┌ バター（食塩不使用）　15g
米油または太白ごま油　50g	│ 砂糖（素焚糖）　15g
砂糖（素焚糖）　50g	│ アーモンドパウダー　10g
牛乳　20g	└ 薄力粉　25g
酵母液種　30g	

準備

・クランブル用のバターは1cm角に切り、冷蔵庫で
　冷やしておく。
・マフィン型にグラシンカップを敷く。

1　クランブルを作る。ボウルにクランブルの材料をすべて入れ、カードでバターを刻み、細かくなってきたら指でバターをつぶしながらすり混ぜ、ギュッとつまんで大小のそぼろ状にする（a）。

2　ボウルに卵と米油を入れて泡立て器で混ぜ合わせ、砂糖、牛乳、底からよくかき混ぜた酵母液種を順に加えてその都度混ぜる。

3　薄力粉とアーモンドパウダーをふるい入れ、泡立て器で混ぜ合わせる。

4　3の生地をマフィン型の七～八分目まで流し入れ（b）、室温において発酵させる。使用する液種によって発酵時間は異なるが、室温20～25℃で8～18時間が目安。かさが増えて表面に小さな気泡が出てきたら完了（c）。

5　いちごは洗ってへたを取り、縦4等分に切る。4に1個分ずつのせて軽く押し込み、クランブルをのせる（d）。

6　180℃に予熱したオーブンで約20分焼く。型に入れたまま粗熱をとる。

a

b

c

d

材料／16.5×7×高さ6cmのパウンド型1台分

薄力粉　80g
アーモンドパウダー　20g
シナモンパウダー、ナツメグ、
　カルダモンパウダー　各小さじ¼
卵　1個
米油または太白ごま油　50g
砂糖（素焚糖）　50g
牛乳　20g
酵母液種　25g

にんじん　60g
レーズン　20g
くるみ　20g
ココナッツファイン　20g
フロスティング
　クリームチーズ　100g
　バター（食塩不使用）　10g
　砂糖（上白糖）　10g

準　備
・薄力粉、アーモンドパウダー、シナモンパウダー、ナツメグ、
　カルダモンパウダーは合わせる。
・にんじんはスライサーやチーズおろしなどで細かいせん切
　りにする。
・くるみは180℃のオーブンで8分ローストし、粗く砕く。
・型にオーブンシートを敷く。

1　ボウルに卵と米油を入れて泡立て器で混ぜ合わせ、砂糖、
牛乳、底からよくかき混ぜた酵母液種の順に加えてその都度
混ぜる（a）。

2　レーズン、くるみ、ココナッツファイン、にんじんを加え（b）、
ゴムべらで混ぜ合わせる。

3　合わせておいた粉類とスパイスをふるいながら加え、底か
ら返すように混ぜる。粉気がなくなってつやが出たらOK。

4　型に流し入れてラップをし、室温において発酵させる。室
温20〜25℃で8〜18時間が目安。少しかさが増えて表面に小
さな気泡が出てきたら完了（c）。

5　180℃に予熱したオーブンで約40分焼く。竹ぐしを刺し
て何もついてこなければ焼き上がり。型から出して粗熱をとり、
冷めたらオーブンシートを取る。

6　フロスティングの材料を室温にもどしてボウルに入れ、ゴ
ムべらでよく混ぜる。ケーキの上面にパレットナイフで均一に
ぬり（d）、冷蔵庫で冷やす。

a　　　　b

c　　　　d

キャロットケーキ

発酵時間が短いほどぎゅっと詰まった食感になり、
長いほどふわっとする、酵母ならではのパウンドケーキ。
クリームチーズのフロスティングと相性抜群です。

ドライフルーツとココナッツのスコーン

酵母入りのスコーン生地を冷蔵庫の野菜室に入れておくと
日をおくほどに発酵し、軽い食感に焼き上がります。
食べたいときに食べたい分だけ切ってオーブンで焼くのもおすすめです。

材料／6個分

薄力粉　100g	牛乳　30g
全粒粉　50g	酵母元種　40g
砂糖（素焚糖）35g	ドライマンゴー、
塩　ひとつまみ	ドライクランベリー　各20g
バター（食塩不使用）50g	ココナッツファイン　20g

準備
・バターは1cm角に切り、冷蔵庫で冷やしておく。
・ドライマンゴーは5mm角に切り、ドライクランベリー、ココナッツファインと合わせる。

1　ボウルに薄力粉、全粒粉、砂糖、塩を入れて泡立て器で混ぜ、バターを加え、カードで切るようにして混ぜる。粒が細かくなったら指で粒をつぶして粉とすり合わせ、砂のような状態にする。バターがとけるとサクッとしないので手早く行う。

2　別のボウルに牛乳と酵母元種を入れて泡立て器で混ぜ、1に加えて（a）、ゴムべらで混ぜる。まとまってきたら、合わせておいたドライフルーツとココナッツファインを加え、均一に混ぜる。最後は手でぎゅっとまとめる。

3　生地をシリコンマットや台に移し、めん棒でのばし、生地を半分に切って重ねる作業を（b）、3回繰り返す。長方形に形を整えてラップをし（c）、冷蔵庫の野菜室で3〜5日発酵させる。

4　オーブンは200℃で予熱。3の生地の4辺を包丁で切り落とし、6等分に切る。表面にはけで牛乳（分量外）をぬる。

5　190℃のオーブンで約20分焼く。そのまま5分ほど庫内におくとよりカリッとした食感になる。切れ端も一緒に並べて焼くといい。

材料／作りやすい分量

薄力粉　90g
全粒粉　15g
砂糖（素焚糖）　20g
塩　ひとつまみ
酵母液種　22g
米油または太白ごま油　25g

1　ボウルに薄力粉、全粒粉、砂糖、塩を入れて泡立て器で混ぜる。米油を加え、泡立て器で混ぜてポロポロのそぼろ状にする。

2　底からよくかき混ぜた酵母液種を加え（a）、手でひとまとまりにする。なるべく練らない。

3　ラップの上に移し、上からもラップをかぶせ、めん棒で5mm厚さにのばす。冷蔵庫の野菜室で1〜5日発酵させる。

4　ラップを取って好みの抜き型で抜き（b）、オーブンシートを敷いた天板に並べる。抜き型を使わずに包丁で切り分けても。

5　180℃に予熱したオーブンで約17分焼く。

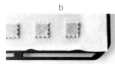

全粒粉クッキー

クッキー生地に酵母を入れると、小さな気泡が入ってポリポリとした食感に。
全粒粉を入れた素朴な味は、かめばかむほどにおいしさが感じられます。

材料／8枚分

薄力粉　40g

酵母元種　50g

オリーブオイル　小さじ2

塩　小さじ¼

ドライバジル　小さじ½

粗びき黒こしょう　少々

にんにく（すりおろし）　½かけ分

1　ボウルに酵母元種、オリーブオイル、塩、ドライバジル、黒こしょう、にんにくを入れ、泡立て器で元種をゆるめるようにして混ぜる。

2　薄力粉を加え、ゴムべらで均一に混ぜて、手でひとまとまりにする。

3　オーブンシートを敷いた天板に薄くのばし、縦12×横15cmの長方形に整える（a）。

4　170℃に予熱したオーブンで約13分焼き、いったん取り出して包丁で8等分に切り分ける（b）。ここでは三角形に切ったが、四角形に切ってもいい。

5　再びオーブンに入れて約18分、生地が薄く色づくまで焼く。

ガーリックバジルクラッカー

元気のない酵母元種でもできる、
混ぜてすぐオーブンに入れればOKの発酵いらずのクラッカー。
ほんのり塩味で、おつまみにもぴったりです。

黒糖バナナ蒸しケーキ

花が咲いたように表面が割れた蒸し上がりにするコツは、
元気な酵母を使い、強火で蒸し始めることと、
蒸し器のふたを少しずらして水滴が落ちないように蒸気を逃がして蒸すこと。
ここでは、粉糖をふってケーキ仕立てにします。

材料／直径7.5×高さ3.5〜4cmの容器5個分

薄力粉　120g	酵母元種　45g
重曹　小さじ¼	米油　10g
バナナ (熟したもの)	黒糖　60g
1本	水　80g

準備

・黒糖はかたまりがあれば砕いて粉末状にする。
・容器 (ココット型やステンレスカップなど) にオーブンシート
　を敷く。ココットよりひとまわり大きくオーブンシートを切り、
　四隅に切り込みを入れて敷き込むとよい。

1　ボウルにバナナを入れて泡立て器で粗くつぶし、酵母元種、米油、黒糖を加えて泡立て器で均一に混ぜ合わせ (a)、水を加えて混ぜる。

2　薄力粉と重曹を合わせてふるい入れ (b)、均一に混ぜる。

3　容器に2の生地を5等分にして入れ、ラップをかぶせて室温で発酵させる。室温20〜25℃で7時間以上が目安。かさが増えて表面に小さな気泡が出てきたら完了。蒸し器の中に並べて、ふたをして発酵させても (c)。

4　湯気が上がった蒸し器に入れ、ふたを少しずらして水滴が落ちないようにし、強火で13分蒸す。竹ぐしを刺して生地がついてこなければ蒸し上がり。容器から取り出して (d)、粗熱がとれたらオーブンシートをはずし、器に盛って粉糖適量 (分量外) をふる。

a

b

c

d

材料／4枚分
薄力粉　140g
全粒粉　20g
酵母元種　40g
プレーンヨーグルト　50g
とかしバター
　　（食塩不使用）　10g
砂糖（素焚糖）　30g
塩　ふたつまみ
水　110g

1　ボウルに酵母元種、ヨーグルト、とかしバター、砂糖、塩を入れ、泡立て器で元種をゆるめるようにして混ぜ合わせ、水を加えて混ぜる。

2　薄力粉と全粒粉を合わせて1にふるい入れ、泡立て器で混ぜる。

3　ラップをし、室温において発酵させる。室温20〜25℃で7時間以上が目安。かさが増えて表面に小さな気泡が出てきたら完了（a）。

4　フライパンを火にかけて温め、油はひかず、3の生地の¼量を入れる（b）。表面に気泡が出てきたら上下を返し、強めの弱火でじっくりと焼いて中まで火を通す。同様にしてあと3枚焼く。

5　器に盛り、バターやメープルシロップ（各分量外）をかけていただく。

パンケーキ

卵や牛乳は不要、酵母元種で発酵させれば、もっちり、しっとり。
全粒粉を混ぜて生地に香ばしさをプラスしました。
元気のない酵母でも作れますが、元気な酵母で作るとよりふんわりします。

a

b

材料／120㎖容量のグラス2個分
酵母液種　60g
粉ゼラチン　2g
水　80g
砂糖（上白糖）　15g
ラズベリー　20g
白桃缶（一口大に切る）　50g

1　ボウルに粉ゼラチンを入れる。小鍋に水
40gを入れて約80℃に温め、ゼラチンに加え
（a）、泡立て器で混ぜてよく溶かす。
2　砂糖を加えてよく溶かす。温度が低い
とゼラチンが溶け残って固まらなくなるので、
溶けなければ再度少し温めて溶かす。
3　残りの水と底からよくかき混ぜた酵母液
種を加えて混ぜ合わせる。
4　グラスにラズベリーと白桃を½量ずつ入
れて3を注ぎ入れ（b）、冷蔵庫で冷やし固め
る。

a

b

フルーツ酵母ゼリー
酵母液種は貴腐ワインのような味。自然な甘みがあり、砂糖が少量ですみます。
加熱しないので酵母菌や乳酸菌を生きたまま体に取り入れることができます。

池田愛実　Ikeda Manami

湘南・辻堂でパン教室「crumb-クラム」を主宰。大学在学中にル・コルドン・ブルー東京校のパン科に通い、卒業後は同校のアシスタントを務める。26歳で渡仏し、M.O.F.（フランス国家最優秀職人章）のブーランジェリーで経験を積む。帰国後は都内レストランのパンのレシピ開発や製造に携わり、料理研究家のアシスタントも務める。上質でありながら体にやさしいパン作りを目指す。

デザイン　遠矢良一（Armchair Travel）
撮影　邑口京一郎
スタイリング　久保百合子
調理アシスタント　増田藍美、大塚康恵
校閲　武 由記子
編集　松原京子
　　　浅井香織（文化出版局）

撮影協力　TOMIZ（富澤商店）
https://tomiz.com/
電話042-776-6488

少量作りだから初めてでも安心

レーズン酵母で作る
プチパンとお菓子

2021年 3 月 6 日　第1刷発行
2022年12月20日　第2刷発行

著　者　池田愛実
発行者　清木孝悦
発行所　学校法人文化学園 文化出版局
　　　　〒150-8524　東京都渋谷区代々木3-22-1
　　　　電話03-3299-2565（編集）
　　　　　　03-3299-2540（営業）
印刷所　凸版印刷株式会社
製本所　大口製本印刷株式会社